कविताएँ

# थपक थपक दिल थपक थपक

## लेखक की कृतियाँ

### कविता-संग्रह

एक दिन लौटेगी लड़की (1989)
अँधेरे में बुद्ध (1996)
यह आकांक्षा समय नहीं (1998)
थपक थपक दिल थपक थपक (2003)
मैं जब तक आई बाहर (2018)
प्रतिनिधि कविताएँ (2023)

### यात्रा-वृत्तान्त

अवाक् (2008)

### स्मृति-आख्यान

दिल्ली में उनींदे (2000)
इत्यादि (2019)

### साहित्यिक निबन्ध

देह की मुँडेर पर तथा अन्य निबन्ध (2019)

### अनुवाद-सम्पादन

जंगल में झील जागती : हरिभजन सिंह की प्रतिनिधि कविताएँ (1989)
देवदूत की बजाय कुछ भी : ज़्बीग्निएव हेबैर्त की कविताएँ (2022)
तेजस्विनी : अक्का महादेवी के वचन (2023)

# थपक थपक
# दिल
# थपक थपक

गगन गिल

राजकमल प्रकाशन

पहली बार **राजकमल** से 2003 में प्रकाशित

ISBN : 978-93-6086-393-7

**मूल्य :** ₹595



**पुनर्नवा संस्करण :** जुलाई, 2024

**प्रकाशक :** राजकमल प्रकाशन प्रा. लि.
1-बी, नेताजी सुभाष मार्ग, दरियागंज
नई दिल्ली-110 002

**शाखाएँ :** अशोक राजपथ, साइंस कॉलेज के सामने, पटना-800 006
पहली मंजिल, दरबारी बिल्डिंग, महात्मा गांधी मार्ग, प्रयागराज-211 001
1, अनमोल सोराबजी सन्तुक लेन, धोबी तलाव, मरीन लाइंस, मुम्बई-400 002

वेबसाइट : www.rajkamalprakashan.com
ई-मेल : info@rajkamalprakashan.com

**मुद्रक :** विकास कंप्यूटर एंड प्रिंटर्स
ट्रॉनिका सिटी-201 102

THAPAK THAPAK DIL THAPAK THAPAK
*Poems by* Gagan Gill

*लोसांग के लिए ही*

*बिना शीश की पनिहारी*
*बिना डोर जल भरे कुएँ से*

*—कबीर*

# क्रम

## II



## III

## IV

# ये कविताएँ

जैसा कि ज़ाहिर है, ये शब्दों से अधिक अनुगूँजों से बुनी हैं। इन्हें लिखते समय मैंने हेक और हूक, दोनों को अनुभव किया है। हेक—जो बाहर रेगिस्तान में पुकारती है, और हूक—जो भीतर बियाबान को चीरती हुई ऊपर आती है।

हालाँकि मैंने सदा से स्वयं को हिन्दीभाषी कवि ही माना है, मातृभाषा हिन्दी न होने पर भी, मुझे यह स्वीकार करने में कोई असमंजस नहीं, कि यह भाषा अब जाकर मेरे स्वप्न में बोली है, डोली है। लगभग बीस वर्षों के प्रयोग के बाद। मैं इस बीज के फूटने का, मिट्टी से बाहर झाँकने का कब से इन्तज़ार कर रही थी।

इस हेक और हूक ने मेरी पंजाबी मिट्टी को कुछ इस तरह से साना और गूँथा है, कि मैं अपनों की, अपने संस्कार के कवियों की डार में आन मिली हूँ। बाबा फ़रीद, बुल्ले शाह, सुल्तान बाहू, हरिभजन सिंह। जो मेरे रक्त में दौड़ते थे, अब मेरे रक्त में से बोल रहे हैं।

ये कविताएँ मेरा और मैं इनका आविष्कार हूँ। जैसे कभी मिट्टी बर्तन बन जाए और कभी बर्तन मिट्टी। भाषा और छंद में जीने में अब कोई बेगानापन नहीं रहा, कोई बेलागपन भी नहीं। जैसे एक भाषा से विदा की गई बेटी दूसरी भाषा के अपने घर में पहुँच गई हो।

**—गगन गिल**

नई दिल्ली
15 अक्टूबर, 2003

# I

# गूँजी गूँजी गूँजी

गूँजी गूँजी गूँजी
सपन से चीख़ निकल कोई गूँजी

लौटा लौटा लौटा
आँख का पानी अन्दर लौटा

मैला मैला मैला
जो दिन-भर धोया रात में मैला

फैला फैला फैला
छिपा काग़ज़ का दुख कोई फैला

सँकरा सँकरा सँकरा
साँस का रस्ता बड़ा ही सँकरा

भूली भूली भूली
बात से रोई नींद में सोई

गूँगी गूँगी गूँगी
पीर ये अपनी अंधी-गूँगी

# न मैं हँसी, न मैं रोई

न मैं हँसी न मैं रोई
बीच चौराहे जा खड़ी होई

न मैं रूठी न मैं मानी
अपनी चुप से बाँधी फाँसी

ये धागा कैसा मैंने काता
न इसने बाँधा न उड़ाया

ये सुई कैसी मैंने चुभोई
न इसने सिली न उधेड़ी

ये करवट कैसी मैंने ली
साँस रुकी अब रुकी

ये मैंने कैसी सीवन छेड़ी
आँतें खुल-खुल बाहर आईं

जब न लिखा गया न बूझा
टँगड़ी दे ख़ुद को क्यों दबोचा

ये दुख कैसा मैंने पाला
इसमें अँधेरा न उजाला

## ढको प्रभु जी

ढको प्रभु जी
इस
दिल को ढको
इस दिल में कई
आँधियाँ झूलीं
इस दिल में कई
लपटें फैलीं

भसम गए सब
जीव सलोने
ढको प्रभु जी
इस वन को
ढको
इस दिल में कई
शीत शिलाएँ
उफने सोते
मुर्दा मच्छियाँ

दूर-दूर तक
रिस गया लावा

ढको प्रभु जी
इस दुख को
ढको
इस दिल में एक
नंगी चाहत
उखड़ी मिट्टी
टूटे नाख़ून

खुरच ले गई
माया मिट्टी
गटक गई सारी
प्यास जनम की
ढको
प्रभु जी
इसके
कुएँ को ढको
जल न मिले
तो इसे
मिट्टी से पूरो

ढक न सको तो
एक नींद दियो
लम्बी
नींद दियो

## मेरी साँस में लकीर

मेरी साँस में लकीर
मेरी साँस में लकीर
किसी धुएँ की लकीर
*मेरी साँस में लकीर*

किसी धुएँ की लकीर
किसी गाड़ी की लकीर
कहीं जाने की लकीर
*मेरी साँस में लकीर*

कहीं जाने की लकीर
गुम जाने की लकीर
भूल जाने की लकीर
*मेरी साँस में लकीर*

भूल जाने की लकीर
भटक जाने की लकीर
सूखे रोने की लकीर
*मेरी साँस में लकीर*

सूखे रोने की लकीर
गीली लकड़ी की लकीर
अनकही की लकीर
*मेरी साँस में लकीर*

अनकही की लकीर
अनसुनी की लकीर
उखड़ी साँस की लकीर
*मेरी साँस में लकीर*

## दिल में डूबी हुई

दिल में
डूबी हुई तैरे
एक किश्ती
        एक किश्ती
        एक तिनका
        एक मरा हुआ तैराक

दिल में सोई-सोई
बहे एक
मछली
        एक मकड़ी
        एक जाल
        एक फँसा हुआ घड़ियाल

सिर में
थकी-थकी चले
एक नींद

काली काई
एक आहट
भूली किसी बात की गड़-गड़

कोई धीरे-धीरे
तोड़े दम अपना
एक ज़िद
एक प्यास
एक आस
औलाद एक

कहीं डूबी हुई
काँपे
एक छाया
एक काया
एक कंजिका
अपने खोल में मरी
जलकन्या

जाने कौन?

## निचुड़ा-निचुड़ा

निचुड़ा-निचुड़ा
दिल था
री माँ!

मैला-मैला
डर था
री माँ!

माथा टुकता
काग था
री माँ!

नीला हो गया
साँस था
री माँ!

सूँघा सोती को
नाग ने
री माँ!

ले गया वो
मेरा श्वास था
री माँ!

अटक गया
मेरा प्राण था
री माँ!

घुमड़ रुकी
हर बात थी
री माँ!

जलता-जलता
ज़हर था
री माँ!

ऐंठ मुड़ी
मेरी आँत थी
री माँ!

जड़ उखड़ गया
मेरा मन था
री माँ!

कुचला गया जो
एक साँप था
री माँ!

# गठरी

गठरी गठरी गठरी
हर दम सिर में चुभती गठरी

अँतड़ी अँतड़ी अँतड़ी
बाँध अँतड़ियाँ बनाई उसने गठरी

मटका मटका मटका
उसका तैरती का घुल गया मटका

बचड़ी बचड़ी बचड़ी
मिट्टी की हो गई उसकी बचड़ी

उड़ती उड़ती उड़ती
ले गई चील चुरा के आँख उसकी

चुभती चुभती चुभती
एक गाँठ उठाके उसने रख ली

गिरती गिरती गिरती
ये किसके दर पे वह पहुँची गिरती-गिरती

सोई सोई सोई
नीचे सात पाताल जा सोई

# कितने सारे बादल

कितने सारे बादल
कितनी सारी परियाँ
*आएगी*
*नींद कब आएगी?*

कितनी सारी परियाँ
कितने टूटे पंख ये
किसने तोड़े पंख ये
दीं ये उड़ानें
*आएगी*
*नींद कब आएगी?*

थकीं ये उड़ानें
तैरीं ये थकानें
लेटीं ये थकानें
तीरों के सिरहाने
*आएगी*
*नींद कब आएगी?*

कैसे तीख़े तीर ये
कैसी शर-शय्या यह
कैसी करवटें ये
किसने फेंके काँच ये
*आएगी*
*नींद कब आएगी?*

किसने फेंके काँच ये
किसने भेजे रस्ते
किसके चले पाँव ये
किसके सोये देवता
*आएगी*
*नींद क्यों आएगी?*

# बहती-बहती

बहती-बहती
बह गई
री माँ
        सहती-सहती
        सह गई
        री माँ
                गुमसुम गुमसुम
                चुप हुई
                री माँ
                        ढहती ढहती
                        ढह गई
                        री माँ

(राह में) अटकी-अटकी
रुक गई
री माँ

(एड़ी) घिसती-घिसती
थक गई
री माँ

(बात) कहती-कहती
टुक गई
री माँ

(काँटे) चुगती-चुगती
छिद गई
री माँ

ढूँढ़ती-ढूँढ़ती
गुम हुई
री माँ

प्यासी-प्यासी
फुर्र हुई
री माँ

ठंडा पानी
पी मरी
री माँ

देख उसे
फिर जी गई
री माँ!

## कंठ में कंकर

कंठ में कंकर
कंठ में ठीकर
ठीकरे जा छिपी प्यास
जल हो कहाँ?

पैर में रस्ता
रस्ते में चक्कर
चक्कर में भटकन
कहाँ हो छाया?

आँख में पानी
पानी में चमकन
सूरज ही सब ओर
मेरा सपना कहाँ?

दिल में दरिया
दिल पर पत्थर
डुबोये बचाए जो
वो तिनका कहाँ?

प्यास में कंकर
प्यास में ठीकर
चटकी अपनी गगरी
जल हो कहाँ?

# कभी ताप कभी तैया

पके है पके है जी पके है
दिन-रात कोई फल जी पके है

जी में गले है सड़े है फले है
दिन-रात दुख जी में एक पके है

नींद-जाग में चले है चले है
बिना पैरों वाला कोई जी चले है

धुख-धुख साँस काली स्याह होवे है
दम घुटे है कि घोंटे कोई बोलो रे

गिरे है कभी भी गिरे है
कोई ईंट आकाश से गिरे है

धँसे है धँसे है धँसे है
दलदल में अपनी ही पाँव अपना धँसे है

गिरे है उड़े है झड़े है
पंख मांस कभी हड्डी से झड़े है

चढ़े है उतरे बौराये है
कभी ताप कभी तैया घबराये है

## जाऊँ हूँ जी जाऊँ हूँ

जाऊँ हूँ जी   जाऊँ हूँ
रस्ते अकेले पे
लौटे बिना ही कहीं
दूर चली जाऊँ हूँ

चुप हूँ जी बहुत चुप
चाबी फेंक ताले बंद
सुख में है अपना जी
भटका करे था बहुत

बच गई जी   बच गई
किसी घने दुख से
बच गई
देखा भले   न था
पहचानूँ पहचानूँ थी

कभी कभी निकलूँ थी
खोल से गुपचुप बाहर

उसमें भी नोच दें थे
पंजे, नाख़ून और डंक

दुनिया-वुनिया का क्या जी
मैल थी   मलाल थी
आरी चलाती जी पे
जी का जंजाल थी

जाऊँ हूँ जी   जाऊँ हूँ
बीहड़ निराले में
शेर के पेट में ही
बैठी दूर जाऊँ हूँ

# II

## एक ही कंडा मिला, एक ही चाक़ू

एक ही कंडा मिला, एक ही चाक़ू
एक ही दुख छिला लिखत-लिखत

कभी आँख सूखी उसमें कभी भरे पानी
बिखरे कई काँच वहाँ चटक चटक

पानियों के, बादलों के, सूरज के सात रंग
उन्हीं में मरे कोई सात मौतें बिना संग

जीना जी जीना अभी बहुत दिन जीना
सौ रंग अल्लाह के, देखें कुछ अपने रंग

जाओ जी जाओ कहीं दूर टहल आओ
कभी तो भूलो रस्ता, भटक कहीं आओ

घर ने तो यहीं रहना, पेड़ों ने कहाँ जाना
अच्छा नहीं सपनों का यूँ साँसों में जम जाना

एक ही सिर मिला एक ही नींद
आँख खुलते ही गए बिछड़ बिछड़

# एक साँस आए

एक साँस आए
एक साँस जाए
बीच में दरिया
डुबकी लगवाए

एक साँस अटके
एक साँस भटके
पिंजरे में मैना सिर
रह-रहकर पटके

एक साँस गुमसुम
एक साँस बड़बड़
नींद चाहे छूटे ना
सपना तो टूटे

एक साँस सूखी
एक साँस बिरहन
एक साँस विनती
एक साँस मिन्नत

एक साँस तपती
एक साँस ठंडी
वही साँस मिट्टी
वही साँस जन्नत

एक साँस दरिया
एक साँस मरुथल
उसी में तूफ़ान आया
उसी में बवंडर

# गट-गट सूखे एक

गट-गट सूखे एक प्यास

कुछ भूखे
कुछ रूखे
कोई पैने
कोई चपटे

काँटे उगे वहाँ
कई हज़ार

गट-गट पले एक प्यास

कभी माथा
कभी चमड़ी
कभी हड्डी
कभी पसली

फाड़ लिखे उसने
लेख ग़ज़ब
सिर में गुप-चुप चिने एक बात

कभी दिखे
कभी छिपे
कभी भटके
भटकाए

घुटनों में अपने ही सिर से थक जाए

गट-गट उड़े एक प्यास

## ताइयो जी

*ताइयो जी ताइयो जी ताइयो जी*
इस जान को भट्ठी में ताइयो जी

*राँधियो पकाइयो मत खाइयो जी*
इस फोड़े को आँच में पकाइयो जी

*फोड़ियो जी अच्छी तरह फोड़ियो जी*
जलती लकड़ी से ठठरी को फोड़ियो जी

*भूलियो न भूलियो न भूलियो जी*
उसके हाथों पे ख़ून ये न भूलियो जी

*घूमियो जी फिरियो जी डोलियो जी*
इस चोट को सिर में ले डोलियो जी

*छोड़ियो न कभी नहीं छोड़ियो जी*
ठूँठ अपने की छाँव मत छोड़ियो जी

*लिखियो जी सब सच लिखियो जी*
दिल में क़लम डुबो के सच लिखियो जी

*भेजियो जी बिन पते भेजियो जी*
लिखी पहुँचेगी ज़रूर एक दिन भेजियो जी

## आँख सुलगे है

दिल जले है बुझे है घटे है
बोझ अपने से ही बार-बार डूबे है

सिर नींद का जाल दूर फेंके है
प्यास में मछली कोई उठ-उठ तड़पे है

जान अटकी ये निकले न निकले है
माथे लहू की बौछार बहे है

अल्लाह जी मेमने में छिप-छिप देखे है
छुरी बेटों की रग पर फिरे है

दुख किसी भी रस्ते चला आवे है
बरस तोप दुनाली कभी जावे है

नीचे धरती के हलचल होवे है
जाने ज़िन्दा कि मुर्दा रस्ता ढूँढ़े है

अज़ान अन्दर ही अन्दर घुट जावे है
मौला जी बार-बार कान खड़े करे है

आँख सुलगे है, धुआँ धुआँ होवे है
बैरी उसको भी बार-बार टोहे है

## ये क्या किया?

सुन्न हुई को दिया दिलासा
*ये क्या किया?*

गुमसुम को दिये कंकर-पत्थर
*ये क्या किया?*

जिस का खोपा ले उड़ गई गोली
सिर उसका आकाश से ढक दिया
*ये क्या किया?*

आँखों को किया गिद्ध हवाले
बोट की बोटी-बोटी नोची
*ये क्या किया?*

तंग कोठरी जा छिप बैठे
दौड़ से पहले पैर में अपने
डाला फंदा
*ये क्या किया?*

साये-साये छिपा शिकारी
मुख़बिर उनको ख़ुद जा किया
*ये क्या किया?*

बीच चौराहे आगे बढ़कर
रौंद घसीटा अपना चोर

माँ-भाई से फेर के पीठ
गुपचुप रोया
*ये क्या किया?*

# मिट्टी की साँस मेरी

*मिट्टी की साँस मेरी*
*मिट्टी में मिट्टी*
*मिट्टी की आस मेरी*
*मिट्टी की मिट्टी*

मिट्टी में ताप किसका?
मिट्टी में ज्वार किसका?
मिट्टी में तिनका किसका?
किसकी आँधी मिट्टी में?

मिट्टी पर बूँद किसकी?
मिट्टी पर पोंछा किसका?
मिट्टी में प्यास किसकी?
प्यास में मिट्टी किसकी?

*मिट्टी की साँस मेरी*
*मिट्टी में मिट्टी*

मिट्टी में किसका झोंका?
उठता बवंडर किसका?
मिट्टी में अस्थि किसकी?
मिट्टी पर नाम किसका?

मिट्टी में पंख किसका?
उड़ती यह ख़ाक किसकी?
राख का तारा किसका?
अंगारा किसका यह
मिट्टी में मिट्टी?

*मिट्टी की आस मेरी*
*मिट्टी की मिट्टी*

# छेद से निकल

छेद से निकल
इस छेद से निकल
तुझे सिलना है फटा मांस
इस छेद से निकल

उसकी नाड़ी से छिटक
उसकी धमनी से छटक
उसे खोलने हैं चौपट
उसके रस्ते से छिटक

उसे एक कंधा दे
उसे दूसरा भी दे
रोई थी देर तक नींद में
अब सो लेने दे टिककर

उसके सिर में धुआँ
उसके पैर में लपटें

उसके तालू में बन्द भाप
उसे जाने दे झटपट

उसके पैर में धुरी
उस धुरी पे ये धरती

नाच लेने दे तांडव
रुकेगा आप ही थककर

# हमें एक भुट्टा दे

हमें एक भुट्टा दे
*हमें दूसरा भी दे*

चाहे दीजियो हमको राख
अभी छूने दे अंगारा

ले लीजियो हमसे हासिल
अभी दे दे लम्बा रस्ता

रख लीजियो नींद हमारी
अभी चलने दे ये सपना

हमें एक झपकी दे
*हमें दूसरी भी दे*

कर दीजियो सूरज काला
अभी देखने दे ये तमाशा

भर दीजियो आँख में किरचें
अभी हँसने दे ये चेहरा

खींच लीजियो साँस हमारा
अभी मिलने दे ग़फ़लत में

हमें एक कंधा दे
*हमें दूसरा भी दे*

## या तू चाँद लेकर आ

या तू चाँद लेकर आ
*या तू चाँद लेकर जा*

या तू कंठ में रख प्यास
*या तू कंठ में रख गीत*

या इस शूल को निकाल
*या फिर औरों को मत छील*

या रख पंख में उड़ान
*या अपनी चाबी अपने पास*

या तू बन जा खोया रस्ता
*या तून बन जा सरपट घोड़ा*

या तू देख उसकी बाट
*या तू रेतघड़ी देख*

या तू तीर अपने गिन
*या तू ऋतुएँ गिननी सीख*

या तू पत्थर हो के जी
*या तू ठोकर खा उठ बैठ*

*कभी बाणगंगा पास*
*कभी बाण मुख के बीच*

# III

## तेरे बिन, तेरे बिन

तेरे बिन   तेरे बिन   तेरे बिन
बिरहन   बिरहन   बिरहन

तेरे संग   तेरे संग   तेरे संग
चला आया डूबी का आँचल

कभी दिख   कभी दिख   कभी दिख
दुख साँस से निकल   कभी दिख

छिपकर   छिपकर   छिपकर
रही दुनिया से गुम   भीतर

साँस आई   कभी न आई
ऐसी रोई वो   जी भरकर

रुककर   रुककर   रुककर
बिछड़ी का मुँह देख कभी रुककर

सब सच   सब सच   सब सच
ये ज़हर   ये फैली ऐंठन

## जोगी जी ये जियड़ा

जोगी जी
ये जियड़ा हर पल
भटके

ये जियड़ा ले
बन-बन डोली
ले गई बीच पहाड़ां

ये जियड़ा मैंने
सीत में रौंदा
फेंका बीच दोराहां

*न ये कुंद, न सुन्न*

जोगी जी
ये जियड़ा हर पल
हुमसे

इस जियड़े
मैंने शूल चुभोया
भोंकी एक
कटारां

ये जियड़ा मैंने
थप-थप थापा
सोख ली
ठंडी सांसां

बीती बात
आस नहीं बीती

जोगी जी
क्यों
जियड़ा तप-तप
झुलसे

## साँस में पढ़ा उसने, काँच में पढ़ा

साँस में पढ़ा उसने, काँच में पढ़ा
तुम ही तुम थे
तुम ही तुम थे

कलेजे से खुरच, उसने तने पर लिखा
चाक़ू सब कुंद थे
चाक़ू क्यों कुंद थे

लहू में साना उसने, लहू में रँगा
घाव कुछ कम थे
घाव कहाँ कम थे

आँख में जमा उसकी, आँख से बहा
बाहर भी गुम तुम
भीतर भी गुम थे

आग में गिरा उसकी, राख में उड़ा
पंख जब पास थे
तारे कहीं दूर थे

नींद में कहा उसने, नींद में सहा
रस्ते सब बन्द थे
ताले सब बन्द थे

रगों में रुका उसकी, रगों में फँसा
अजब उसके दुख थे
ग़ज़ब गटके दुख थे

## सजन जी, अपने सपने

सजन जी, अपने सपने
का रंग काला

धब्बा धब्बा
अपने दीखें
स्याही स्याही
बिछुड़े
उन्हें भी बाढ़
बहा ले जाए
जो होवे
कोई खटका

सजन जी, अपना सपना
साँवला-काला

सुन्न चौराहा
दुनिया अपनी

न कोई संग
न पंछी
न भूली कोई बात
कभी की
उँगली पकड़
ले चले

सजन जी, अपनी हाँफ़ का
मुह धुँधला

आधे अपने
दुनिया पार
आधे रह गए
सपने द्वार
बीच भँवर नित
तिनका डूबे
फिर ढूँढ़े
पतवार

सजन जी,
हाहाकार हाहाकार

# आधे रस्ते तुम चलते हो

आधे रस्ते तुम चलते हो
उसके संग
फिर लौटा ले जाता है
ईश्वर बेचैन

आधे सिर में फिरते हैं
इच्छा-संताप
आधे में करती है फिर
निद्रा आघात

आधी काया रहती है
चिमटी संग तुम्हारे
लौट आता है आधा शव
घर अपने

भटकती है आधी छाया
मरुथल में
बदलती है आधी काया
मरुथल में

आधी वह होती है
अपनी न-हुई
देखता है आधी को
ऊपर वाला

आधा होता है बन्द
ताला ठिठकता
रहता है मुँह भिंचा
अन्त तक आधा

# थपक थपक दिल थपक थपक

थपक थपक दिल थपक थपक
बात भुलाई दिल थपक थपक

हाथ भी ख़ाली मुट्ठी भी ख़ाली
बात बताई उसने अटक अटक

एक ही चमड़ी एक ही धरती
उतरा खुरंड वही रगड़ रगड़

साँस में दुखड़ा दुखड़े में आग
धौंकनी ये हरदम भभक भभक

न वो अपना न वो किसी का
बैर निभाया उसने सोच-समझ

कभी गुम दरिया गुम कभी बंजर
प्यास ये फैली कैसी लपट लपट

रह-रह कर सिर में एक ही चोट
उठे एक लहर वहीं फफक फफक

*बात भुलाई रैन बिताई जान बचाई*
*थपक थपक दिल थपक थपक*

## बार-बार हम

बार-बार हम तुमसे बिछुड़े

कुछ बिछुड़े नैनन के जल में
कुछ बिछुड़े पलकन झिप-झिप में
उड़ गए कुछ होंठों के रंग में
झड़ गए सब हाथों के कण में

मिले बिना ही तुमसे प्रभु जी
बार-बार कैसे बिछुड़ गए

कुछ पहुँचे हम तपकर मरु में
कुछ अटके अबूझ किसी दुख में
भटक गए सिर के जंगल में
बच न सके काँटे से अपने

सहने-कहने के पहले ही
बार-बार हम बिछुड़ गए

कभी निकाल कर देखा तुमको
अपने नाख़ून, अपना सीना
कभी उधेड़कर सिलने बैठे
जैसे किसी दुश्मन का जीना

कुछ अपनी कुछ तुम्हारी चुप से
टक्कर मार बेहाल हुए

बार-बार यूँ ही बिछुड़ गए

# कभी ढूँढ़ कभी मिल

कभी ढूँढ़ कभी मिल
कभी सपने में दिख

कभी आ कभी जा
इस हँसती को रुला

या तो चुप रह के बोल
नहीं तो बोल के दे दुख

चाहे पराया हो के बैठ
चाहे गले लग के मिल

कभी पाप कभी पुन्न
कभी धड़कन उसकी सुन्न

कभी तीर कभी शूल
इस करवट उस करवट

कभी रोऊँ और हँसूँ
कभी हँसूँ और डरूँ

मन भूल कभी दुख
कहीं अकेला जा निकल

दुख कौड़ियों का खेल
इसे खेलेगा कब तक

कभी हूँ कभी हाँ
कभी साँ ही साँ

## धूप जी धूप जी

*धूप जी धूप जी*
छाँव यहाँ कहीं नहीं

*धूप जी धूप जी*
देखो हमारी चमड़ी

*धूप जी धूप जी*
घाव यहाँ हर कहीं

*धूप जी धूप जी*
छिपने को घर नहीं

*धूप जी धूप जी*
अन्धी चमक आँख में

*धूप जी धूप जी*
काँटे चुभें नज़र में

*धूप जी धूप जी*
रस्ता अपना गुम गया

*धूप जी धूप जी*
चारों तरफ़ प्यास जी

*धूप जी धूप जी*
ठंडा अपना साँस जी

*धूप जी धूप जी*
सिर पे उड़ें गिद्ध जी

*धूप जी धूप जी*
कहाँ हमारी छप्परी

*धूप जी धूप जी*
चारों तरफ़ रेत जी

## कभी आएँगे

कभी आएँगे
कभी गली तेरी हम आएँगे
ठंडे साँस तुझे खटकाएँगे

तू न बोलना
तू न डोलना
रहना ऊँची मीनार में
फंद बन्द

कि अल्लाह देखता है
कि मौला देखता है
दुनिया अन्धी है
फिरे जाती है
वहीं अन्धी गली में
चुप चुप

हम आएँगे
उस अन्धी गली हम आएँगे

कुछ न बोलेंगे
कुछ न पूछेंगे
चिथड़े दुनिया के
हमें ढक जाएँगे

कि अल्लाह जानता है
कि मौला जानता है
साँस गुफा है
गुफा बन्द है
मुँह में पत्थर को रख
गुम सुम

तेरी अन्धी गली बस जाएँगे
कभी आएँगे

## छूट जाएगा

छूट जाएगा
छूट जाएगा
*उसके सपनों में ढहता घर*
*छूट जाएगा*

टूट जाएगा
टूट जाएगा
*तारा आँखों के सामने*
*टूट जाएगा*

भूल जाएगा
भूल जाएगा
*रस्ता आख़िरी भी ये दिल*
*भूल जाएगा*

उड़ जाएगा
भूल जाएगा
*बिना पंख के भी पंछी*
*उड़ जाएगा*

डूब जाएगा
डूब जाएगा
*जिसे डूबने की ज़िद है वो*
*डूब जाएगा*

खुल जाएगा
खुल जाएगा
*उसकी आत्मा का भेद*
*खुल जाएगा*

ऊब जाएगा
ऊब जाएगा
*ऊपर वाला इस जंजाल से*
*ऊब जाएगा*

# IV

# जल मगन मगन

जल मगन मगन
दुख नगन नगन
आँख जलन जलन
नींद चलन चलन

तारे भगन भगन
सपने अगन अगन
विष जलन जलन
पीर चलन चलन

पाँव थकन थकन
प्यास जगन बुझन
हिचकी भरन भरन
माया हिरन हिरन

# मांस की टोकरी मेरी

*मांस की टोकरी मेरी*
*मांस की टोकरी*
*कहाँ जाएँगे हम एक दिन?*
*कहाँ जाएँगे?*

अस्थि कुछ गुनती है
अस्थि कुछ लिखती है
मांस की टोकरी तेरी
धीरे-धीरे घिसती है

*मांस की टोकरी मेरी,*
*मांस की टोकरी*
*अस्थि क्या लिखती है?*
*अस्थि क्या बूझती है?*

अस्थि जो लिखती है
उसे ही बुझाती है
मांस की टोकरी तेरी
जली-बुझी अँगीठी है

*मांस की टोकरी मेरी,*
*मांस की टोकरी*
*कहाँ जाएँगे हम एक दिन?*
*कहाँ जाएँगे?*

किसे है पता?
किसे है पता?
बिना पंखों वाले तुम
बिना पैरों वाले तुम

*मांस की टोकरी मेरी,*
*मांस की टोकरी*
*पलकें जल जाएँगी क्या?*
*आँखें भी जल जाएँगी?*

सपने जल जाएँगे सब
जल जाएगा सब जल-थल
काया जमा काया तेरी
छाया घटा छाया होगी

*मांस की टोकरी, मेरी*
*मांस की टोकरी*
*तुझ में जो छेद है यह*
*क्या कोई भेद है?*

छेद सब भेद हैं
भेद सब छेद हैं
अस्थि यही लिखती है
अस्थि यही मेटती है

*मांस की टोकरी, मेरी*
*मांस की टोकरी*
*डूब तो न जाओगी अधबीच?*
*हमें छोड़ तो न जाओगी?*

कौन कह सकता है
डूबना पहुँचना है
कि पहुँचना ही डूबना है?
मांस की टोकरियाँ तो
पुराना एक बहाना-भर हैं

# आह उड़े उड़े

आह उड़े *उड़े*
दम भरे *भरे*
दुख हरे *हरे*
केश झरे *झरे*

परियाँ गिरीं *गिरीं*
पंख गए *गए*
सपने तिरते *तिरते*
दुखड़े अटके *अटके*

साँस जाती *जाती*
नींद आती *आती*
बात गड़ती *गड़ती*
पसली चुभती *चुभती*

चिट्ठी लिखती *लिखती*
प्यास जगती *बुझती*
दूर जाना *जाना*
लौट न आना *आना*

पीड़ा सोई *सोई*
लहर ठिठकी *ठिठकी*
पत्थर घिसते *घिसते*
पैर छलनी *छलनी*

सपने *पानी पानी*
आँख *स्याही स्याही*
साँस *सँभली सँभली*
दुनिया *बदली बदली*

सीढ़ी चढ़ती *चढ़ती*
साँप ने डस ली *डस ली*
ज़हर कैसा *ये फैला*
नीला हो गया *काला*

दम बुझते *बुझते*
शूल चुभते *चुभते*
बातें भूली *बिसरीं*
चिड़िया *लौटी कब की!*

## गुन गुन गुन दुख

गुन गुन गुन
दुख
गुन गुन गुन

गुन गुन गुन
सुख
गुन गुन गुन

सुन सुन सुन
हूक
सुन सुन सुन

सुन सुन सुन
कूक
सुन सुन सुन

धुन धुन धुन
धुन
धुन धुन धुन

धुन धुन धुन
सिर
मत मत धुन

घुन घुन घुन
तन
घुन घुन घुन

घुन घुन घुन
मन
घुन घुन घुन

चुप चुप चुप
बुन
चुप चुप चुप

बुन बुन बुन
चुप
बुन बुन बुन

छुक छुक छुक
जा
छुक छुक छुक

फुर फुर फुर
आ
फुर फुर फुर!

# छील छील देखी उसने आँख

छील छील देखी उसने आँख
न सपना कहीं न कहीं रात

दिल को गूँथा किसी किसी ने मसला
रुँध रुँध गई उसकी बात

बुझे बुझे तारे उसके सर पे
बुझ बुझ गए सुन्न उस गली में

भूले भूले दुख किसी और के
आए पीछे-पीछे उस भोली-भाली के

लगी पेड़ के गले न पत्थर के
ऐसी हुई वो अकेली मन भर के

न दर आया किसी का न घर छूटा
बंजर पैर हुए कि रस्ते पूछे कौन

वही हर पल का उससे  बिछुड़ना
जैसे मिल भी गया हो किसी जनम में

*छील छील देखी उसने आँख*
*वही सपना*
*वही काली रात*

## छम छम छम

छम छम छम
हम
छन छन छन
दुख

घन घन घन
मन
धुन धुन धुन
रूँ

रुन झुन रुन झुन
बदली बदला
गिरती गिरते जी
सँभली सँभला

दाना दाना
तरसे तरसे
छाँह किसी के पीछे
भटके भटके

जल सब जल गए
पवन समीरे
तलछट बच गए
गहन गँभीरे

धुन धुन धुन
मन
धुन धुन धुन
फाहे

इन्हीं ने रखे जाना
घाव तेरे उघड़े

## जागी जी वो जागी

जागी जी वो जागी
सपने सपने भागी

जागी जी वो अभागी
दुनिया ख़ालम ख़ाली

बच गई जी वो आधी
गई साँप के मुख में आधी

भागी जी वो भागी
सपने में दर-दर भागी

बाँधी जी उसने बाँधी
माँ की नाल से पट्टी बाँधी

गाँठी जी उसने गाँठी
घुप्प अँधेरे की पट्टी गाँठी

बाँधी जी उसने काटी
हिचकी रोती के कंठ की काटी

छाँटी जी उसने छाँटी
गुम सिरे से डोर अपनी छाँटी

खाँटी जी भारी खाँटी
चुप उसकी के बोल बड़े खाँटी

## तरुवर तरुवर

तरुवर *तरुवर*
प्रियवर *प्रियवर*
हरियल *हरियल*
पनियल *पनियल*

ढूँढ़त *ढूँढ़त*
भटकत *भटकत*
थक थक *हारे*
तेरे *बनजारे*

बन-बन *जंगल*
चिड़ियाँ *चिड़ियाँ*
कूकत *कूकत*
रस्ते *हाँफ़ीं*

बंजर *बंजर*
बियाबान *उजाड़*
ठूँठों ने हरा *या*
लक्कड़ *हारा*

जलधर *जलधर*
तृषतर *तृषतर*
विषधर *विषधर*
बस कर *बस कर*

घिसकर *घिसकर*
छिपकर *छिपकर*
चुपकर *चुपकर*
फाँस *आई निकल*

आतुर *आतुर*
व्याकुल *व्याकुल*
उठ नींद में *चली*
काले कोस *कई*

# घूँ घूँ बोले चरखा घूँ घूँ

घूँ घूँ बोले
चरखा घूँ घूँ
झींगुर उनींदा
बोले घूँ घूँ

कूँ कूँ बोले
कुतिया कूँ कूँ
सोहे न सोहे
दुखिया को
कूँ कूँ

गूँ गूँ गूँ गूँ
गूँगे के कंठ में
गूँ गूँ गूँ गूँ
पथराई देह में

हूँ हूँ की ठिठकन
कहानी की रौ में
पत्ते की फरकन
साँसन की हूँ हूँ में

साँसत में साँसन में
घूँ घूँ
कूँ कूँ
गूँ गूँ

सबै कुछ सीने में
एक बस
सूँ सूँ के!

## टप टप टप जी

टप टप टप जी
छत छत छत

छल छल छल जी
जल जल जल

चल चल चल जी
कल कल कल

घट घट घट जी
पल पल पल

जल जल जल जी
मत मत मत

कल कल कल जी
कर कर मत

मन मन मन जी
छल छल मत

टर टर टर जी
मत मत कर

छत छत छत जी
सर सर सर

टप टप टप जी
हर हर पल

जल जल जल जी
हर घट घट

घट घट पर जी
खल कनखल!

## चुग चुग चुग

चुग चुग चुग
लेख माथे के चुग
फूल आग के चुग

चुन चुन चुन
भसम आग की चुन
बचे ताप की चुन

रख रख रख
बाँध पोटली में दुख
बाँध पोटली में चुप

तज तज तज
जले मांस की गंध
बँधी पोटली की चुप

चल चल चल
इस जल पर चल
इस राख पे चल

चढ़ चढ़ चढ़
इस बाढ़ पे चढ़
इस पुल पे सँभल।

## कनपटी री कनपटी

कनपटी री कनपटी
बता भी क्या गुज़री

कनपटी री कनपटी
पीड़ अभी तक वही

कनपटी री कनपटी
दुखों के नहीं पैर कहीं

कनपटी री कनपटी
बन्द अपनी रेतघड़ी

कनपटी री कनपटी
बिना हाथ दबे घोड़ा

कनपटी री कनपटी
बिना पैर धँसे काया

कनपटी री कनपटी
मिट्टी अपनी सस्ती

कनपटी री कनपटी
जल से इसकी दोस्ती

कनपटी री कनपटी
घोड़े अपने डूब गए

कनपटी री कनपटी
बाक़ी बचे भाग गए

कनपटी री कनपटी
बीत गई अनबीती भी

कनपटी री कनपटी
अपनी राम-राम जी!